Impressum
Verlag: BABADADA GmbH, Nedderfeld 112 , 22529 Hamburg
Geschäftsführer / Verlagsleitung: Harald Hof
Druck: Books on Demand GmbH, In de Tarpen 42, 22848 Norderstedt

Imprint
Publisher: BABADADA GmbH, Nedderfeld 112 , 22529 Hamburg, Germany
Managing Director / Publishing direction: Harald Hof
Print: Books on Demand GmbH, In de Tarpen 42, 22848 Norderstedt

school

koulu

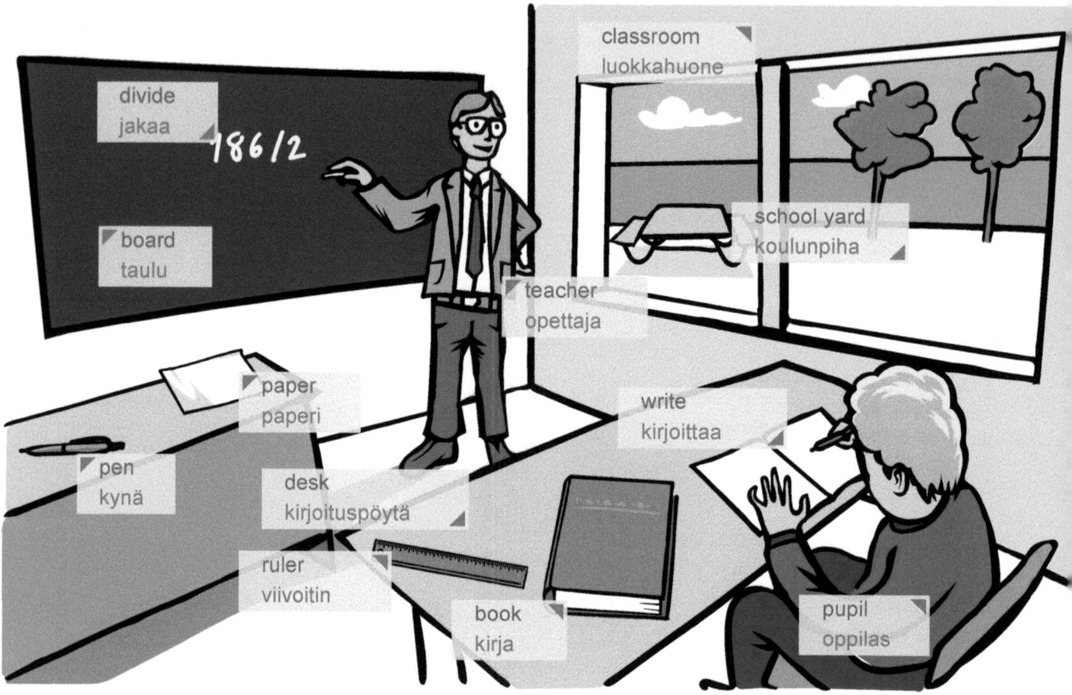
classroom
luokkahuone
divide
jakaa
186/2
board
taulu
school yard
koulunpiha
teacher
opettaja
paper
paperi
write
kirjoittaa
pen
kynä
desk
kirjoituspöytä
ruler
viivoitin
book
kirja
pupil
oppilas

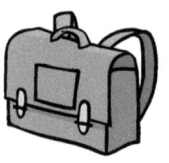

satchel

reppu

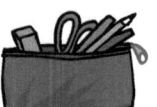

pencil case

penaali

pencil

lyijykynä

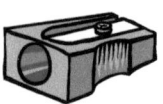

pencil sharpener

kynänteroitin

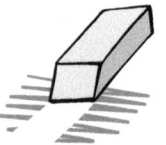

rubber

pyyhekumi

drawing pad

piirustuslehtiö

drawing

piirustus

paintbrush

pensseli

paint box

vesivärit

scissors

sakset

glue

liima

exercise book

harjoituskirja

homework

kotitehtävä

number

luku

add

lisätä

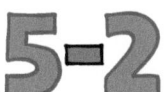

subtract

vähentää

multiply

kertoa

calculate

laskea

letter

kirjain

alphabet

aakkoset

word

sana

text

teksti

read

lukea

chalk

liitu

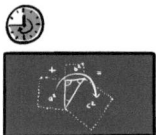

lesson

oppitunti

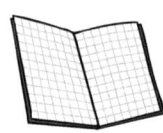

register

opettajan muistikirja

examination

koe

certificate

todistus

school uniform

koulupuku

education

koulutus

encyclopedia

sanakirja

university

yliopisto

microscope

mikroskooppi

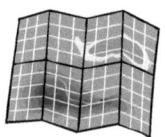

map

kartta

waste-paper basket

roskakori

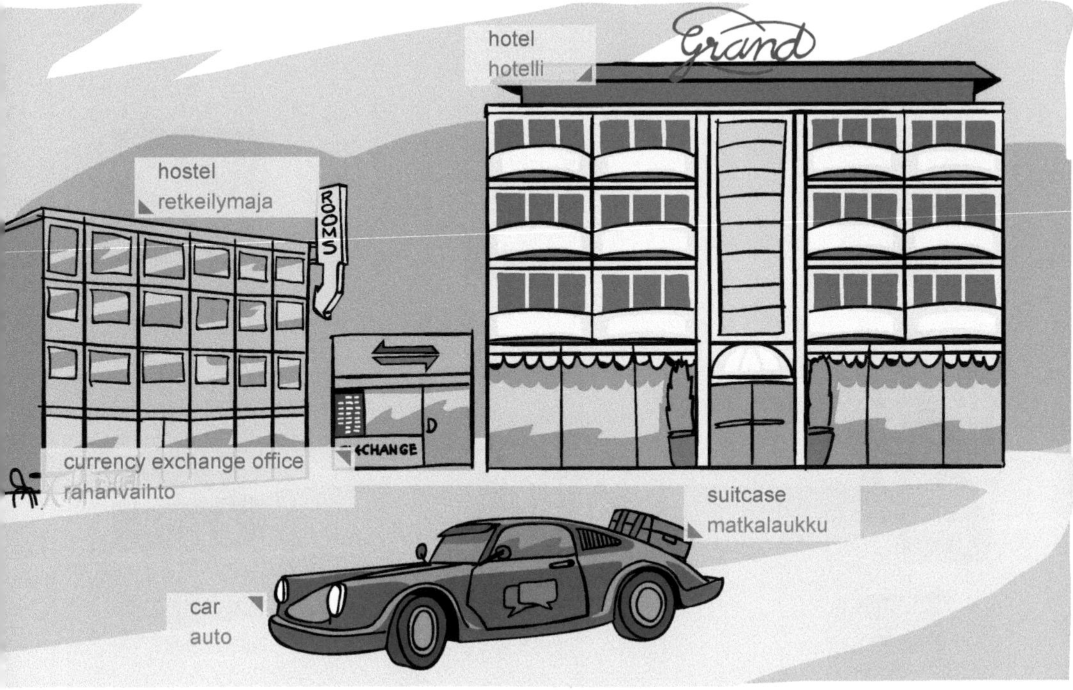
hotel
hotelli
Grand
hostel
retkeilymaja
ROOMS
currency exchange office
rahanvaihto
suitcase
matkalaukku
car
auto

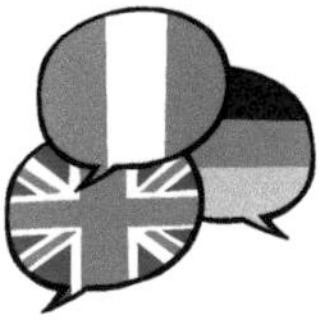

language

kieli

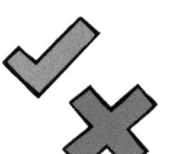

yes / no

kyllä / ei

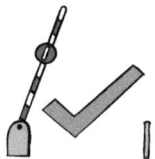

Okay

selvä

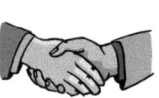

hello

hei

translator

tulkki

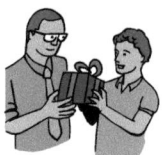

Thank you

kiitos

how much is...?

Paljonko...maksaa?

I don´t get it

en ymmärrä

problem

ongelma

Good evening!

Hyvää iltaa!

Good morning!

Hyvää huomenta!

Good night!

Hyvää yötä!

goodbye

näkemiin

direction

suunta

luggage

matkatavarat

bag

laukku

backpack

reppu

guest

vieras

room

huone

sleeping bag

makuupussi

tent

teltta

tourist information

turisti-info

beach

ranta

credit card

luottokortti

breakfast

aamupala

lunch

lounas

dinner

päivällinen

Ticket

matkalippu

elevator

hissi

stamp

postimerkki

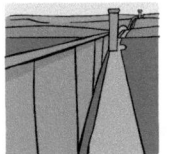

border

raja

customs

tulli

embassy

suurlähetystö

visa

viisumi

passport

passi

transport
kuljetus

airplane
lentokone

ship
laiva

fire truck
paloauto

bus
linja-auto

truck
kuorma-auto

motorboat
moottorivene

bike
polkupyörä

car
auto

ferry

lautta

boat

vene

motorbike

moottoripyörä

police car

poliisiauto

racing car

kilpa-auto

rental car

vuokra-auto

car sharing

car sharing

tow truck

hinausauto

garbage truck

roska-auto

engine

moottori

fuel

polttoaine

fuel station

huoltoasema

traffic sign

liikennemerkki

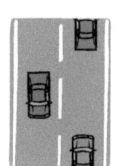

traffic

liikenne

traffic jam

ruuhka

parking lot

parkkipaikka

train station

rautatieasema

tracks

raiteet

train

juna

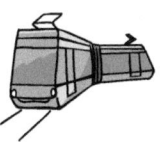

tram

raitiovaunu

wagon

vaunu

helicopter

helikopteri

airport

lentokenttä

tower

lähilennonjohto

passenger

matkustaja

container

kontti

carton

pahvilaatikko

cart

kärryt

basket

kori

take off / land

nousta / laskea

city
kaupunki

village

kylä

city center

keskusta

house

talo

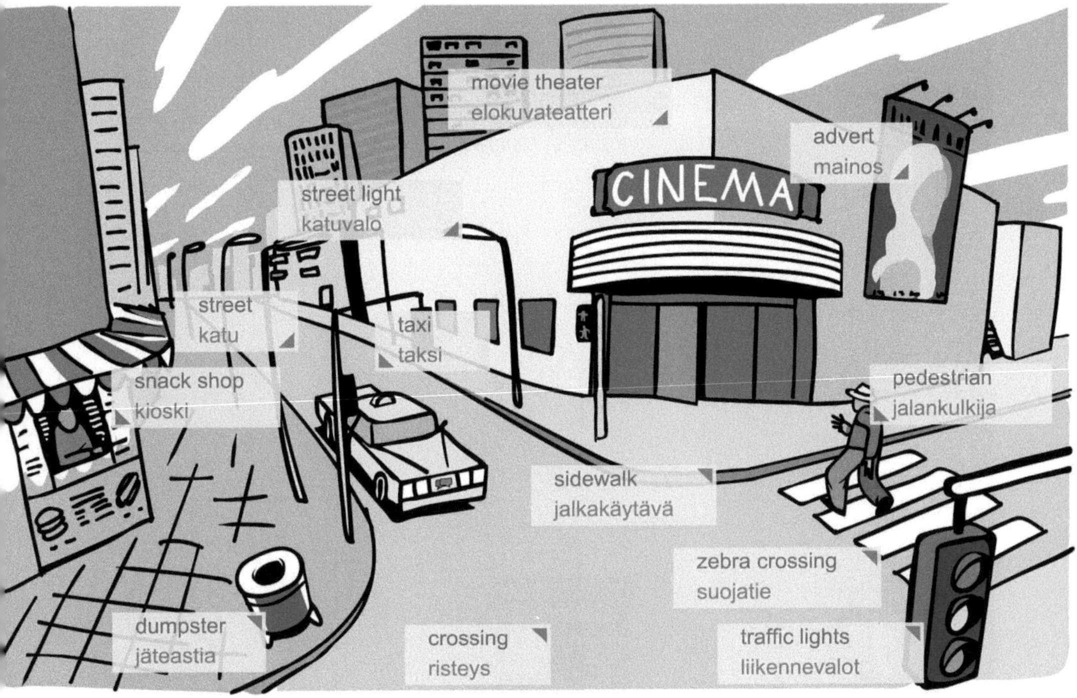

movie theater
elokuvateatteri

advert
mainos

street light
katuvalo

CINEMA

street
katu

taxi
taksi

pedestrian
jalankulkija

snack shop
kioski

sidewalk
jalkakäytävä

zebra crossing
suojatie

dumpster
jäteastia

crossing
risteys

traffic lights
liikennevalot

hut
....
mökki

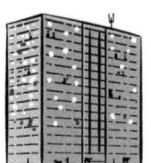

apartment
....
kerrostalo

train station
....
rautatieasema

city hall
....
kaupungintalo

museum
....
museo

school
....
koulu

city - kaupunki

university

yliopisto

bank

pankki

hospital

sairaala

hotel

hotelli

pharmacy

apteekki

office

toimisto

book shop

kirjakauppa

shop

liike

flower shop

kukkakauppa

supermarket

supermarketti

market

tori

department store

tavaratalo

fishmonger's shop

kalakauppias

mall

ostoskeskus

harbor

satama

city - kaupunki

park
....
puisto

bench
....
penkki

bridge
....
silta

stairs
....
portaat

subway
....
metro

tunnel
....
tunneli

bus stop
....
linja-autopysäkki

bar
....
baari

restaurant
....
ravintola

postbox
....
postilaatikko

street sign
....
katukyltti

parking meter
....
parkkimittari

zoo
....
eläintarha

swimming pool
....
uimala

mosque
....
moskeija

farm

maatila

pollution

ympäristön saastuminen

cemetery

hautausmaa

church

kirkko

playground

leikkikenttä

temple

temppeli

landscape

maisema

leaf
lehti

signpost
tienviitta

path
tie

meadow
niitty

stone
kivi

hiker
retkeilijä

tree
puu

river
joki

grass
ruoho

flower
kukka

valley

laakso

hill

vuori

lake

järvi

forest

metsä

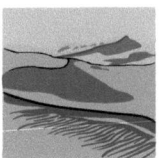

desert

aavikko

volcano

tulivuori

castle

linna

rainbow

sateenkaari

mushroom

sieni

palm tree

palmu

mosquito

hyttynen

fly

kärpänen

ant

muurahainen

bee

mehiläinen

spider

hämähäkki

beetle

kovakuoriainen

frog

sammakko

squirrel

orava

hedgehog

siili

hare

jänis

owl

pöllö

bird

lintu

swan

joutsen

boar

villisika

deer

peura

moose

hirvi

dam

pato

wind turbine

tuulimylly

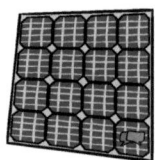

solar panel

aurinkopaneeli

climate

ilmasto

restaurant
ravintola

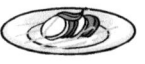

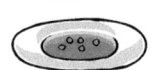

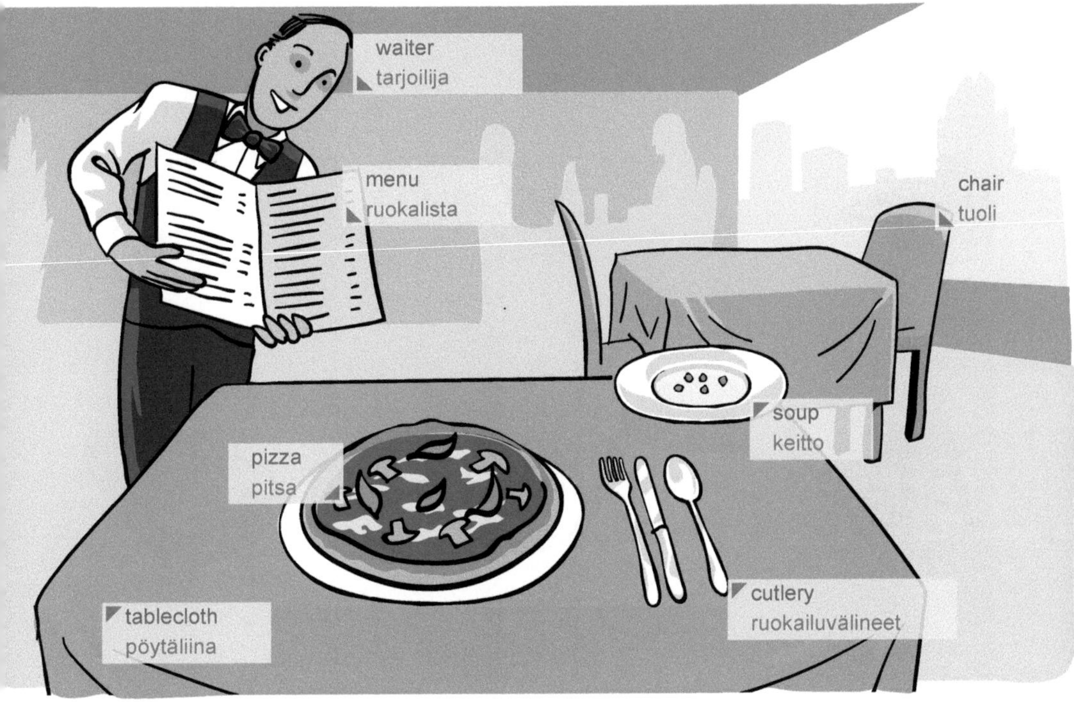
waiter
tarjoilija
menu
ruokalista
chair
tuoli
soup
keitto
pizza
pitsa
cutlery
ruokailuvälineet
tablecloth
pöytäliina

starter

alkuruoka

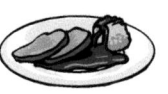

main course

pääruoka

dessert

jälkiruoka

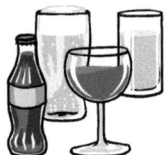

drinks

juomat

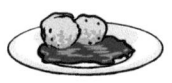

food

ruoka

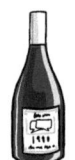

bottle

pullo

fast food

pikaruoka

street food

katuruoka

teapot

teekannu

sugar bowl

sokeriastia

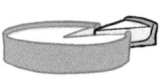

portion

annos

espresso machine

espressokeitin

high chair

syöttötuoli

bill

lasku

tray

tarjotin

knife

veitsi

fork

haarukka

spoon

lusikka

teaspoon

teelusikka

serviette

servietti

glass

lasi

plate
lautanen

soup plate
syvä lautanen

saucer
aluslautanen

sauce
kastike

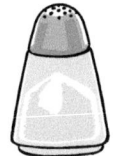

salt shaker
suolasirotin

pepper mill
pippurimylly

vinegar
etikka

oil
öljy

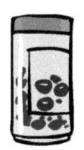

spices
mausteet

ketchup
ketsuppi

mustard
sinappi

mayonnaise
majoneesi

supermarket
supermarketti

special offer
tarjous
FOR
customer
asiakas
dairy products
maitotuotteet
fruit
hedelmät
shopping cart
ostoskärryt

BUTCHERS

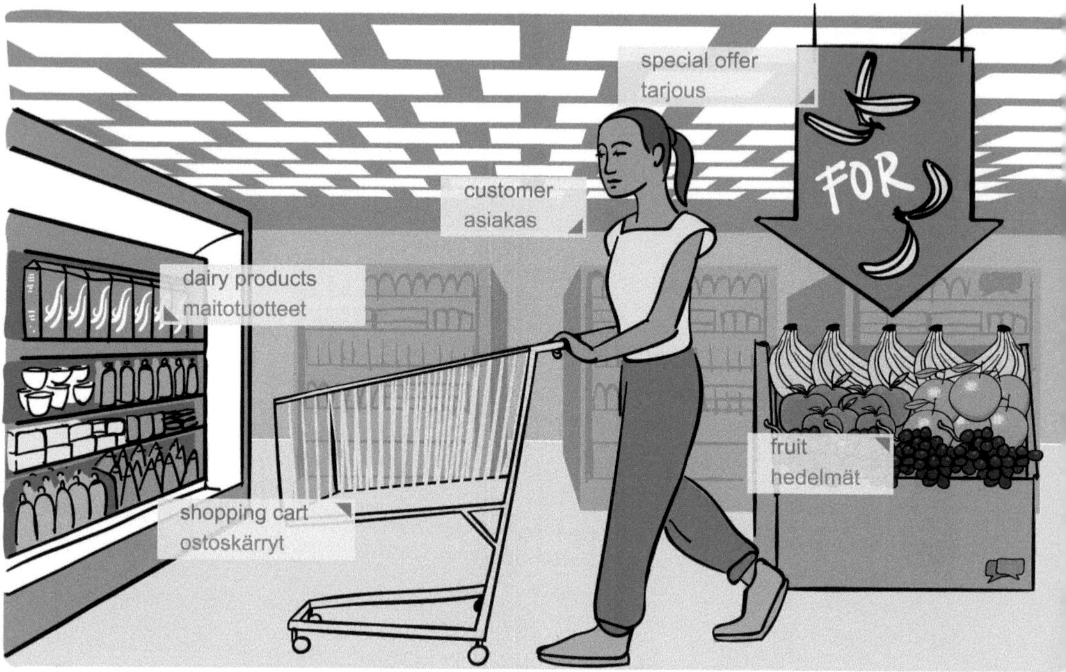

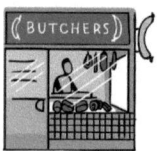

butcher's shop

teurastamo

BAKERY

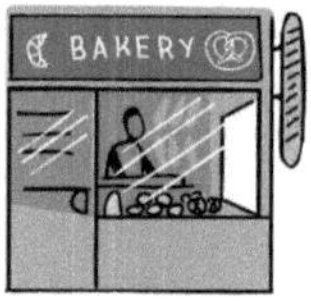

bakery

leipomo

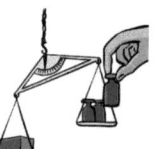

weigh

punnita

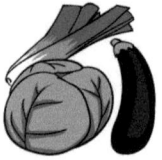

vegetables

kasvikset

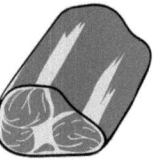

meat

liha

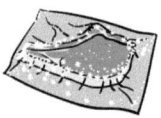

frozen food

pakasteet

cold cuts
leikkele

canned food
säilykkeet

detergent
pesujauhe

candy
makeiset

household products
kotitaloustarvikkeet

cleaning products
puhdistusaineet

sales representative
myyjä

cash register
kassa

cashier
kassanhoitaja

shopping list
ostoslista

opening hours
aukioloajat

wallet
lompakko

credit card
luottokortti

bag
kassi

plastic bag
muovipussi

drinks
juomat

water
vesi

juice
mehu

milk
maito

coke
kokis

wine
viini

beer
olut

alcohol
alkoholi

cocoa
kaakao

tea
tee

coffee
kahvi

espresso
espresso

cappuccino
cappuccino

banana

banaani

apple

omena

orange

appelsiini

melon

meloni

lemon

sitruuna

carrot

porkkana

garlic

valkosipuli

bamboo

bambu

onion

sipuli

mushroom

sieni

nuts

pähkinät

noodles

spagetti

spaghetti

spagetti

rice

riisi

salad

salaatti

fries

ranskalaiset

fried potatoes

paistetut perunat

pizza

pitsa

hamburger

hampurilainen

sandwich

voileipä

escalope

leike

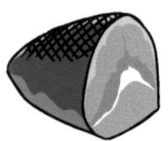

ham

kinkku

salami

salami

sausage

makkara

chicken

kana

roast

paisti

fish

kala

porridge oats

kaurahiutaleet

muesli

mysli

cornflakes

murot

flour

jauho

croissant

voisarvi

bread roll

sämpylä

bread

leipä

toast

paahtoleipä

cookies

keksit

butter

voi

curd

rahka

cake

kakku

egg

kananmuna

fried egg

paistettu kananmuna

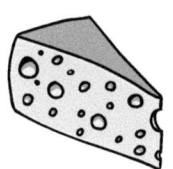

cheese

juusto

ice cream

jäätelö

sugar

sokeri

honey

hunaja

jelly

hillo

nougat cream

suklaapähkinälevite

curry

curry

farm
maatila

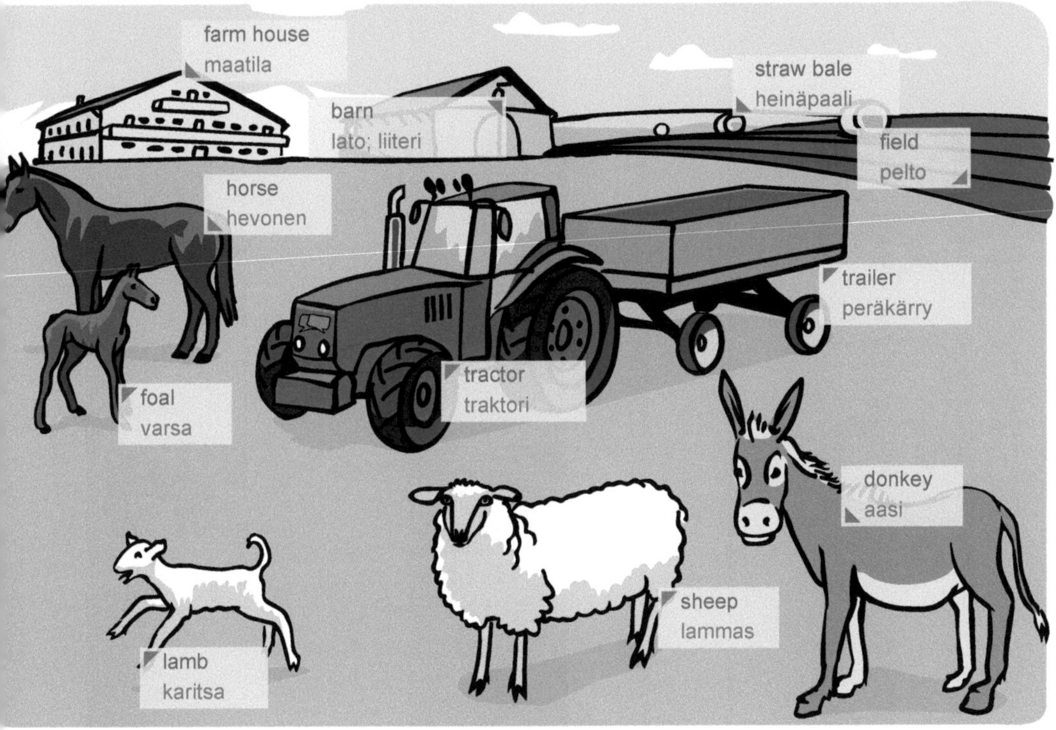

farm house
maatila
barn
lato; liiteri
straw bale
heinäpaali
field
pelto
horse
hevonen
trailer
peräkärry
tractor
traktori
foal
varsa
donkey
aasi
sheep
lammas
lamb
karitsa

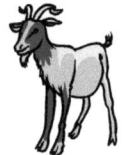

goat

vuohi

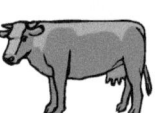

cow

lehmä

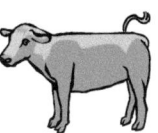

calf

vasikka

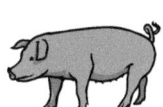

pig

sika

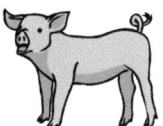

piglet

porsas

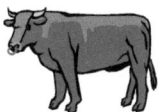

bull

sonni

goose

hanhi

duck

ankka

chick

tipu

hen

kana

cockerel

kukko

rat

rotta

cat

kissa

mouse

hiiri

ox

härkä

dog

koira

dog house

koirankoppi

garden hose

puutarhaletku

watering can

kastelukannu

scythe

viikate

plow

aura

sickle

sirppi

hoe

kuokka

pitchfork

talikko

axe

kirves

pushcart

kottikärryt

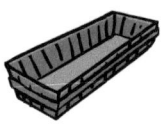

trough

kaukalo

milk can

maitokannu

sack

säkki

fence

aita

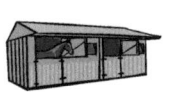

stable

talli

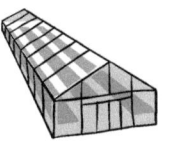

greenhouse

kasvihuone

soil

maa

seed

siemen

fertilizer

lannoite

combine harvester

leikkuupuimuri

farm - maatila

harvest

kerätä sato

harvest

sato

yams

jamssit

wheat

vehnä

soya

soija

potato

peruna

corn

maissi

rapeseed

rypsi

fruit tree

hedelmäpuu

manioc

maniokki

grain

vilja

house

talo

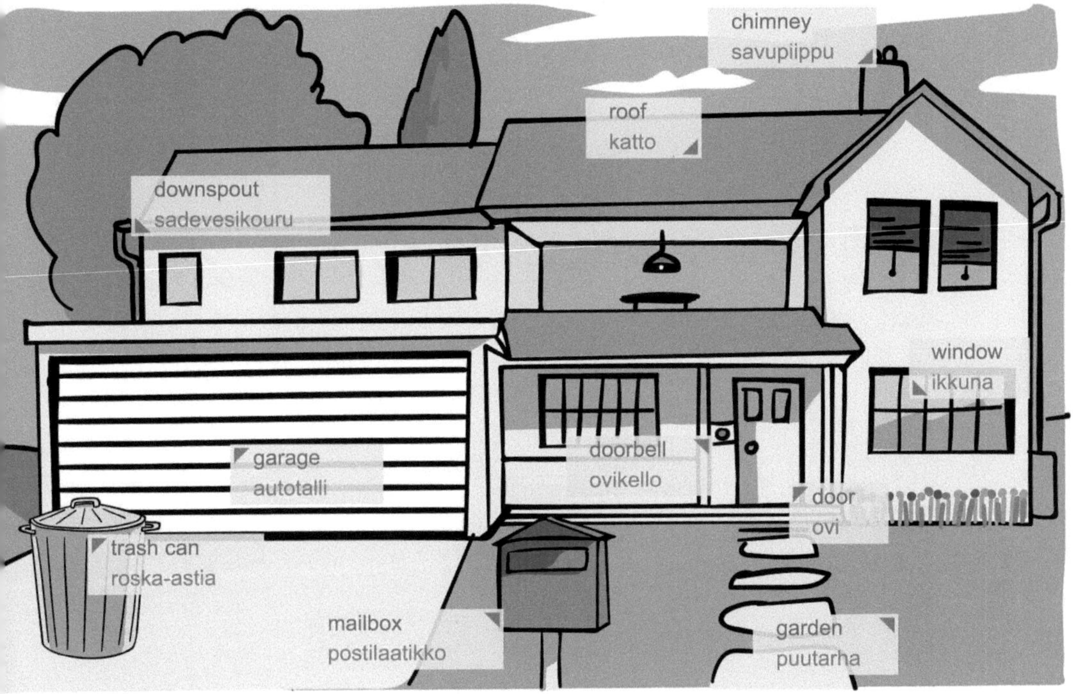

chimney
savupiippu
roof
katto
downspout
sadevesikouru
window
ikkuna
garage
autotalli
doorbell
ovikello
door
ovi
trash can
roska-astia
mailbox
postilaatikko
garden
puutarha

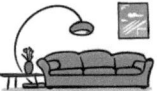

living room

olohuone

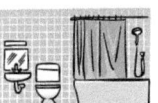

bathroom

kylpyhuone

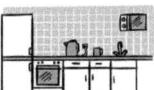

kitchen

keittiö

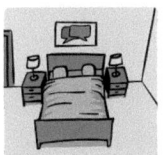

bedroom

makuuhuone

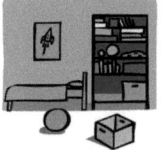

kids room

lastenhuone

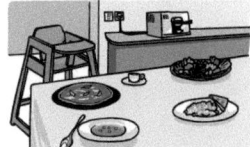

dining room

ruokahuone

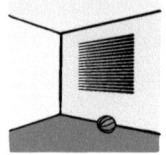

floor

lattia

wall

seinä

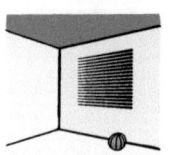

ceiling

katto

cellar

kellari

sauna

sauna

balcony

parveke

terrace

terassi

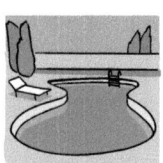

pool

uima-allas

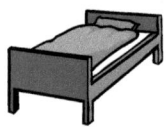

lawn mower

ruohonleikkuri

sheet

lakana

bedspread

päiväpeitto

bed

sänky

broom

harja

bucket

ämpäri

switch

katkaisin

living room
olohuone

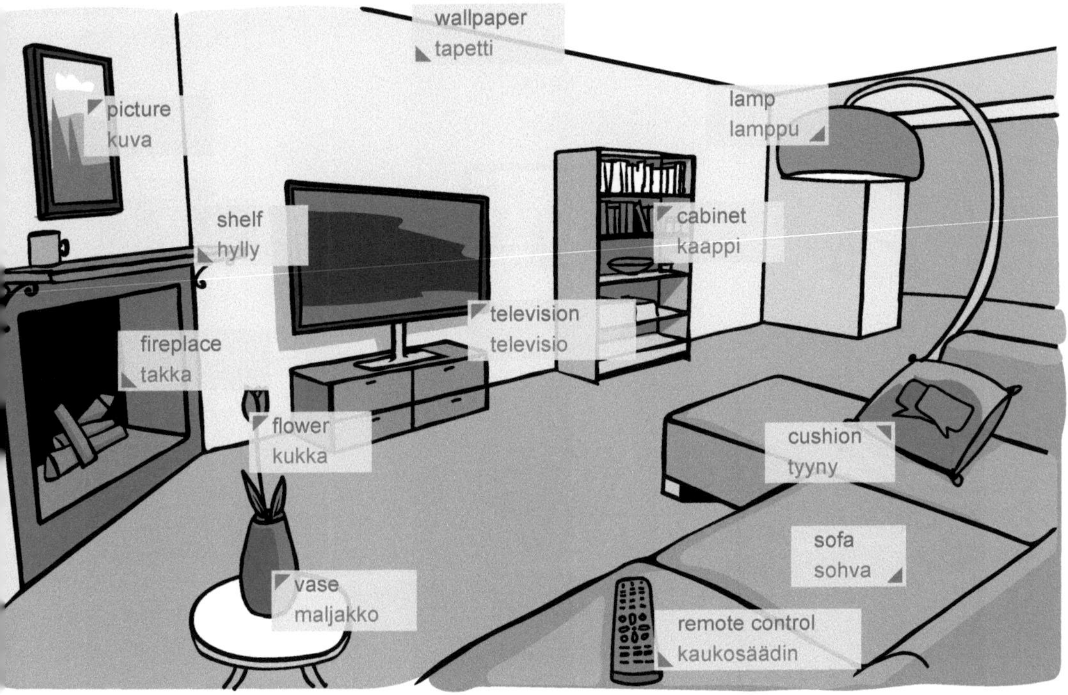
wallpaper
tapetti
picture
kuva
lamp
lamppu
shelf
hylly
cabinet
kaappi
television
televisio
fireplace
takka
flower
kukka
cushion
tyyny
sofa
sohva
vase
maljakko
remote control
kaukosäädin

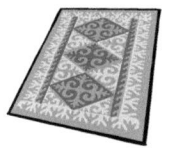

carpet
matto

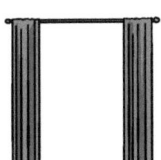

drape
verho

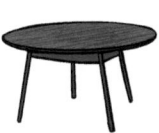

table
pöytä

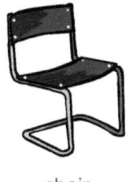

chair
tuoli

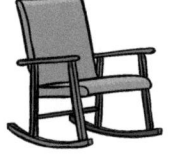

rocking chair
keinutuoli

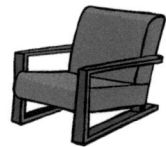

armchair
nojatuoli

book

kirja

blanket

peitto

decoration

koriste

firewood

polttopuut

film

elokuva

stereo system

stereot

key

avain

newspaper

sanomalehti

painting

maalaus

poster

juliste

radio

radio

notebook

muistivihko

vacuum cleaner

pölynimuri

cactus

kaktus

candle

kynttilä

kitchen
keittiö

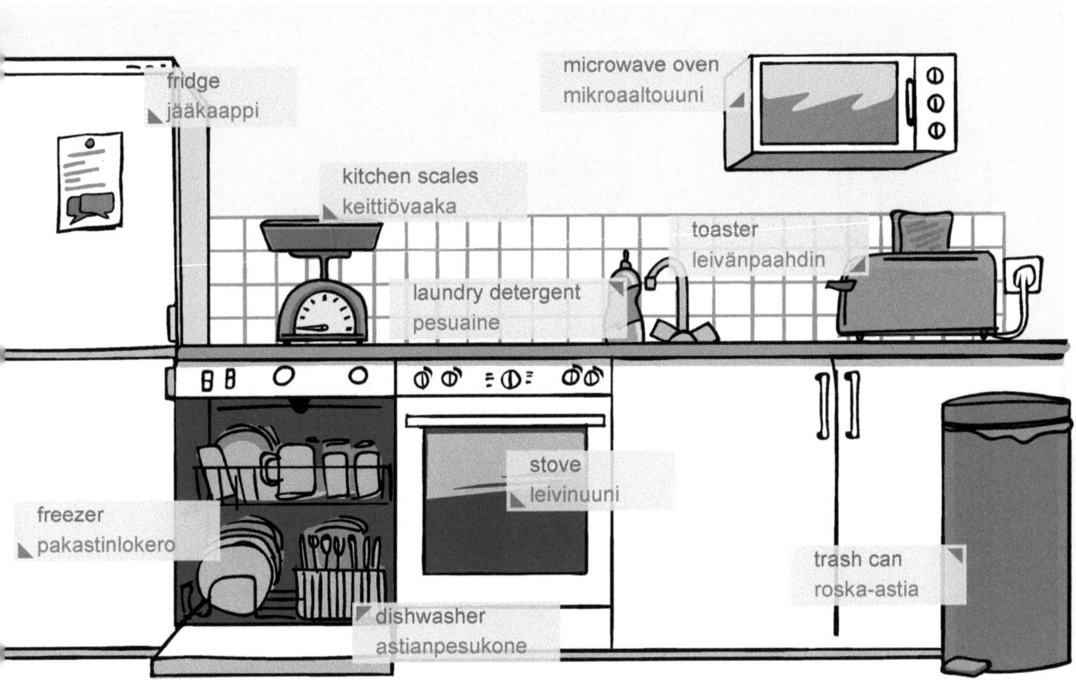
fridge
jääkaappi
microwave oven
mikroaaltouuni
kitchen scales
keittiövaaka
toaster
leivänpaahdin
laundry detergent
pesuaine
stove
leivinuuni
freezer
pakastinlokero
trash can
roska-astia
dishwasher
astianpesukone

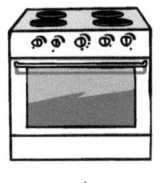

cooker
liesi

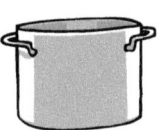

pot
kattila

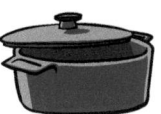

cast-iron pot
rautapata

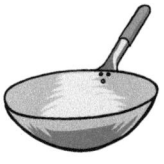

wok / kadai
vokkipannu / kadai-pannu

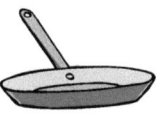

pan
paistinpannu

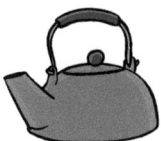

kettle
teepannu

steamer

höyrykeitin

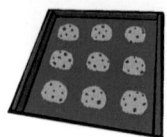

baking tray

uunipelti

crockery

astiat

mug

muki

bowl

kulho

chopsticks

syömäpuikot

ladle

kauha

spatula

paistinlasta

whisk

vispilä

strainer

siivilä

sieve

siivilä

grater

raastin

mortar

mortteli

barbecue

grilli

fireplace

avotuli

chopping board
leikkuulauta

rolling pin
kaulin

corkscrew
korkinavaaja

can
purkki

can opener
purkinavaaja

oven cloth
pannulappu

sink
lavuaari

brush
tiskiharja

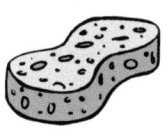

sponge
pesusieni

blender
tehosekoitin

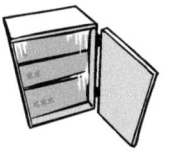

deep freezer
pakastin

baby bottle
tuttipullo

tap
vesihana

kitchen - keittiö

bathroom
kylpyhuone

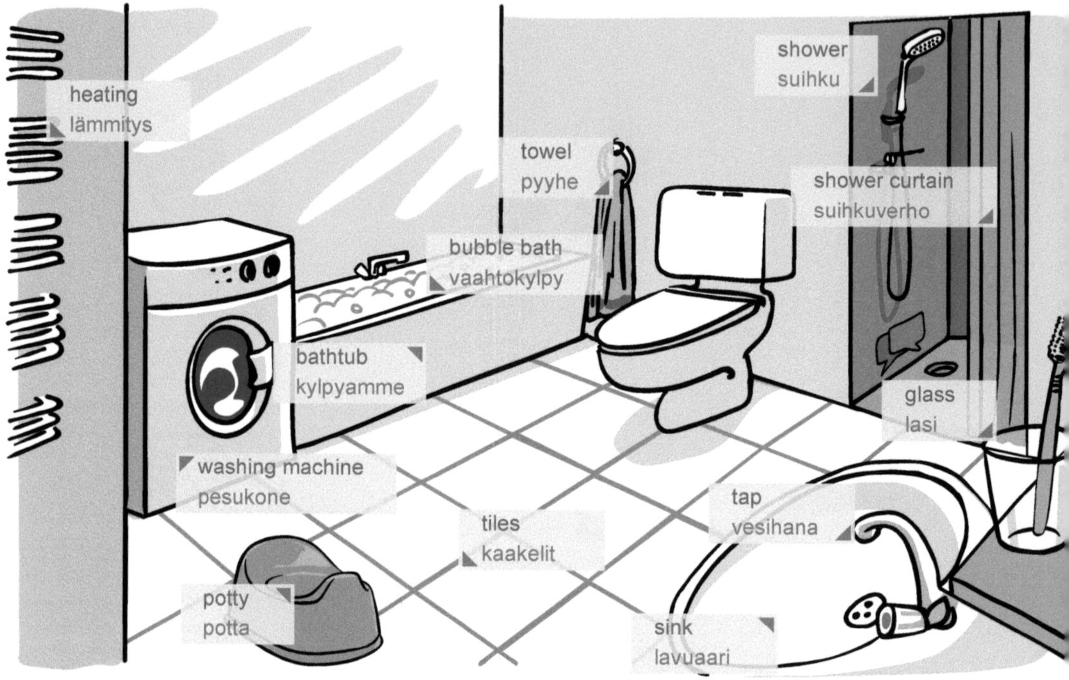

heating
lämmitys
shower
suihku
towel
pyyhe
shower curtain
suihkuverho
bubble bath
vaahtokylpy
bathtub
kylpyamme
glass
lasi
washing machine
pesukone
tap
vesihana
tiles
kaakelit
potty
potta
sink
lavuaari

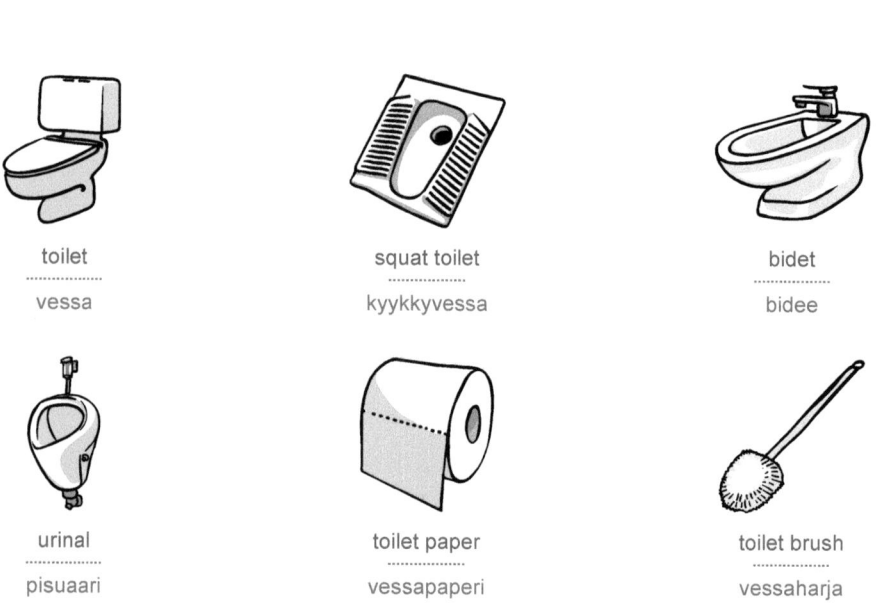

toilet

vessa

squat toilet

kyykkyvessa

bidet

bidee

urinal

pisuaari

toilet paper

vessapaperi

toilet brush

vessaharja

toothbrush

hammasharja

toothpaste

hammastahna

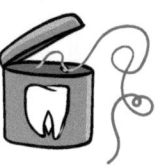

dental floss

hammaslanka

wash

pestä

hand shower

käsisuihku

douche

intiimisuihku

basin

pesuvati

back brush

selkäharja

soap

saippua

shower gel

suihkugeeli

shampoo

shampoo

flannel

pesulappu

drain

viemäri

creme

voide

deodorant

deodorantti

mirror

peili

hand mirror

käsipeili

razor

partaveitsi

shaving foam

partavaahto

aftershave

partavesi

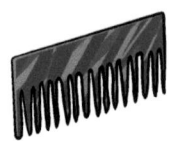

comb

kampa

brush

harja

hair-dryer

hiustenkuivaaja

hairspray

hiuslakka

makeup

meikki

lipstick

huulipuna

nail varnish

kynsilakka

cotton wool

pumpuli

nail scissors

kynsisakset

perfume

hajuvesi

washbag

kosmetiikkalaukku

stool

jakkara

weighing scales

vaaka

bathrobe

kylpytakki

rubber gloves

kumihansikkaat

tampon

tamponi

sanitary towel

terveysside

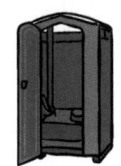

chemical toilet

kemiallinen wc

kids room
lastenhuone

alarm clock
herätyskello
cuddly toy
pehmolelu
toy car
leikkiauto
rattle
helistin
doll's house
nukkekoti
present
lahja

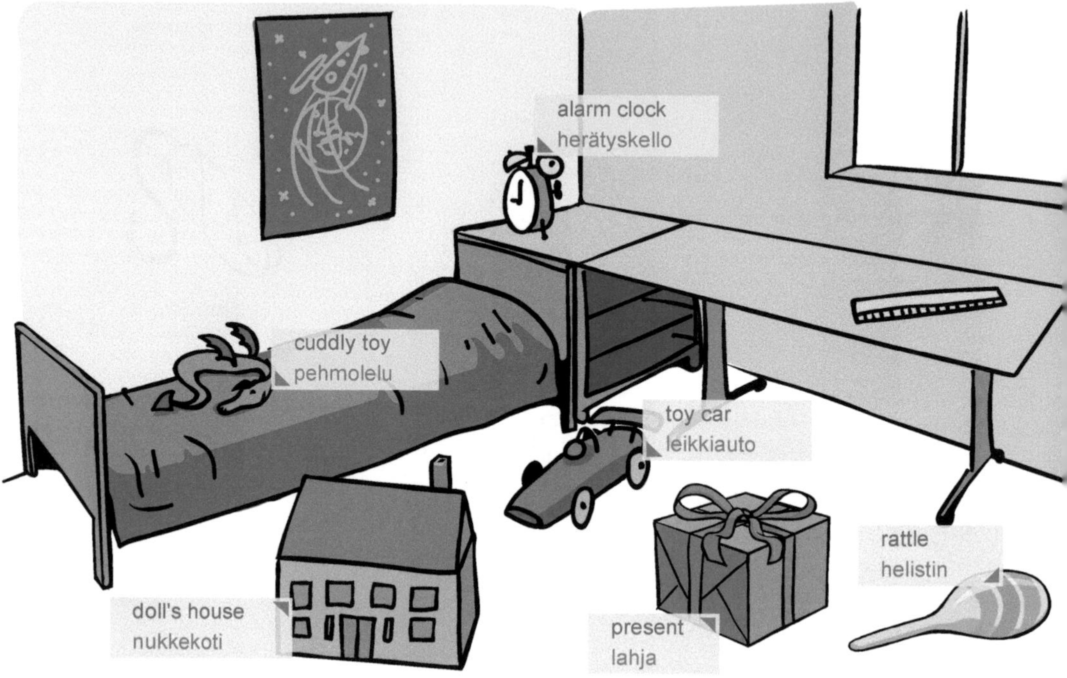

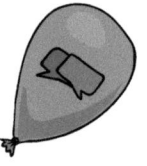

balloon

ilmapallo

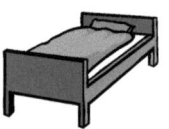

bed

sänky

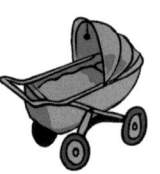

stroller

lastenvaunut

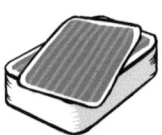

deck of cards

korttipeli

jigsaw

palapeli

SUPER
MEGA

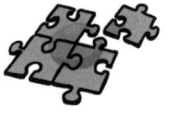

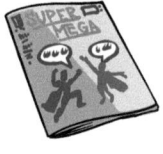

comic

sarjakuva

lego bricks
legopalikat

toy blocks
rakennuspalikat

action figure
supersankari

romper suit
potkupuku

frisbee
frisbee

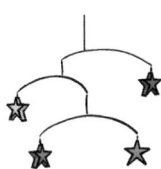

mobile
mobile

board game
lautapeli

dice
noppa

model train set
pienoisjunarata

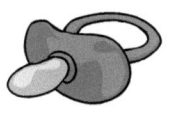

pacifier
tutti

party
juhlat

picture book
kuvakirja

ball
pallo

doll
nukke

play
leikkiä

sandpit

hiekkalaatikko

swing

keinu

toys

lelut

video game console

pelikonsoli

tricycle

kolmipyörä

teddy bear

nalle

wardrobe

vaatekaappi

clothing

vaatteet

socks

sukat

stockings

nylonsukat

tights

sukkahousut

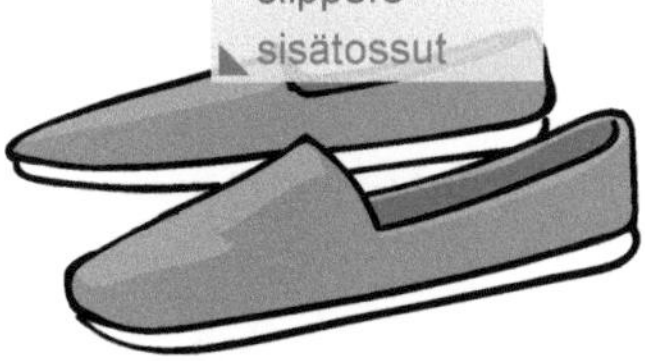

scarf
kaulaliina

umbrella
sateenvarjo

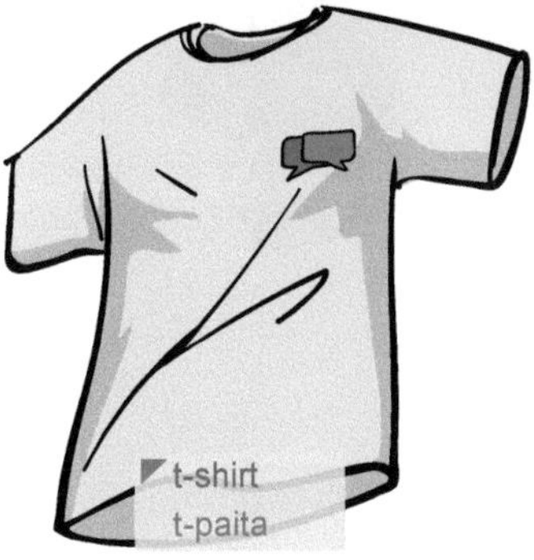

t-shirt
t-paita

belt
vyö

boots
saappaat

slippers
sisätossut

sneakers
lenkkarit

sandals
sandaalit

shoes
kengät

rubber boots
kumisaappaat

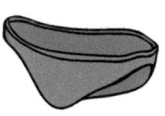

underwear
alushousut

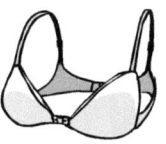

bra
rintaliivit

undershirt
aluspaita

body

body

pants

housut

jeans

farkut

skirt

hame

blouse

pusero

shirt

paita

pullover

villapaita

sweater

collegepaita

blazer

jakku

jacket

takki

coat

takki

raincoat

sadetakki

costume

puku

dress

mekko

wedding dress

hääpuku

suit

puku

nightgown

yöpaita

pajamas

pyjama

sari

shari

headscarf

päähuivi

turban

turbaani

burka

burka

kaftan

kaftaani

abaya

abaya

swimsuit

uimapuku

trunks

uimahousut

shorts

shortsit

tracksuit

verkkarit

apron

esiliina

gloves

käsineet

button

nappi

glasses

silmälasit

bracelet

rannekoru

necklace

kaulakoru

ring

sormus

earring

korvakoru

cap

lippalakki

coat hanger

ripustin

hat

hattu

tie

solmio

zip

vetoketju

helmet

kypärä

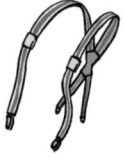

braces

henkselit

school uniform

koulupuku

uniform

univormu

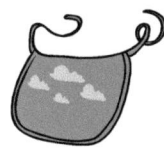

bib

ruokalappu

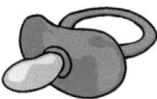

pacifier

tutti

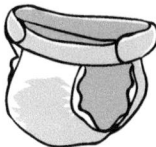

diaper

vaippa

office
toimisto

server
palvelin
filing cabinet
asiakirjakaappi
printer
tulostin
monitor
näyttö
paper
paperi
mouse
hiiri
desk
kirjoituspöytä
folder
kansio
keyboard
näppäimistö
chair
tuoli
waste-paper basket
roskakori
computer
tietokone

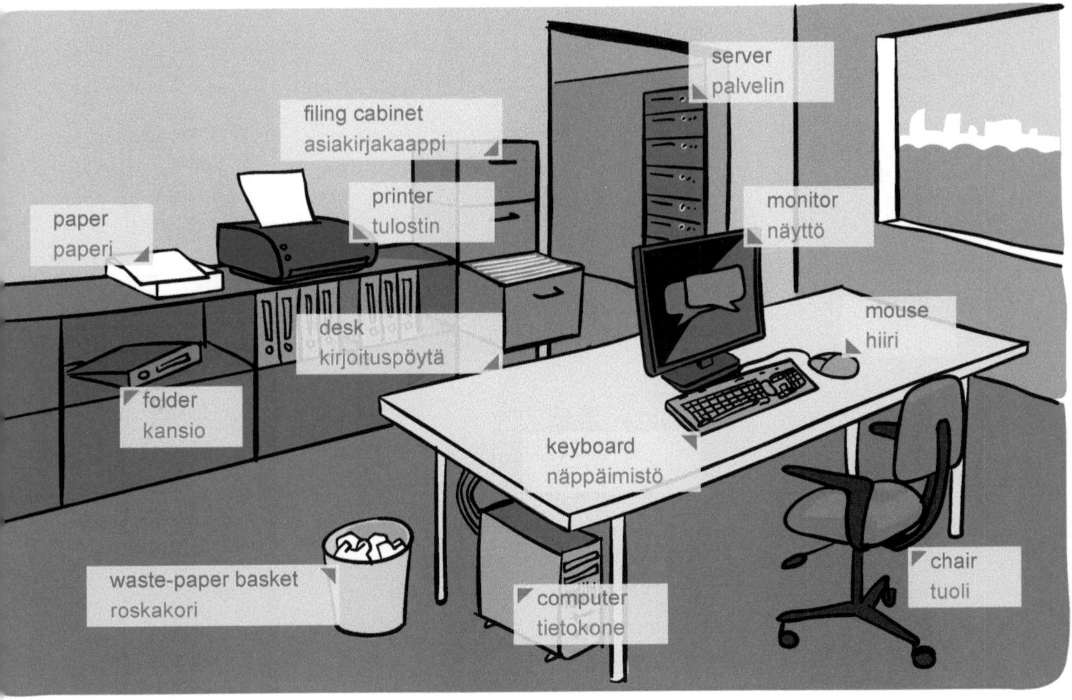

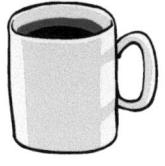

coffee mug

kahvimuki

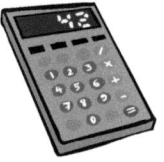

calculator

taskulaskin

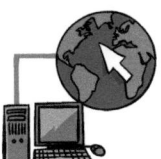

internet

internet

laptop

kannettava tietokone

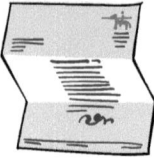

letter

kirje

message

viesti

cell phone

kännykkä

network

verkko

photocopier

kopiokone

software

ohjelmisto

telephone

puhelin

plug socket

pistorasia

fax machine

faksi

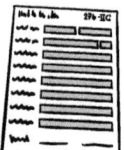

form

lomake

document

asiakirja

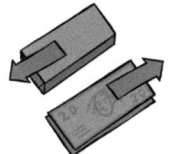

buy

ostaa

pay

maksaa

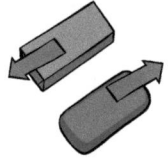

trade

vaihtaa

money

raha

dollar

dollari

euro

euro

yen

jeni

rouble

rupla

Swiss franc

frangi

renminbi yuan

renminbi juan

rupee

rupia

cash point

pankkiautomaatti

currency exchange office

rahanvaihto

gold

kulta

silver

hopea

oil

öljy

energy

energia

price

hinta

contract

sopimus

tax

vero

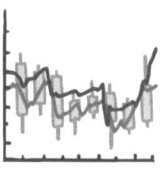

stock

osake

work

työskennellä

employee

työntekijä

employer

työnantaja

factory

tehdas

shop

liike

economy - talous

occupations
ammatit

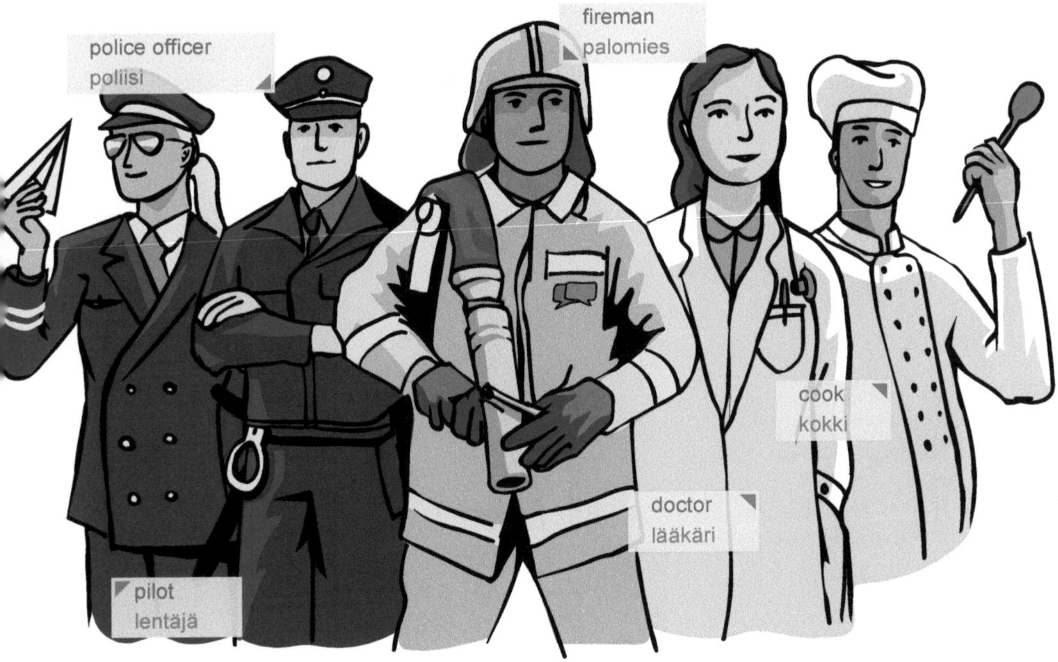
police officer
poliisi
fireman
palomies
cook
kokki
doctor
lääkäri
pilot
lentäjä

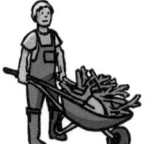

gardener

puutarhuri

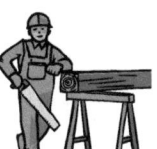

carpenter

puuseppä

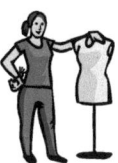

seamstress

ompelija

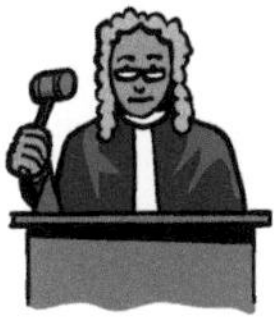

judge

tuomari

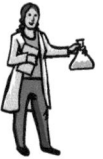

chemist

kemisti

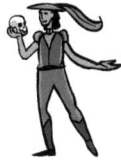

actor

näyttelijä

bus driver

linja-autonkuljettaja

taxi driver

taksinkuljettaja

fisherman

kalastaja

cleaning lady

siivooja

roofer

katontekijä

waiter

tarjoilija

hunter

metsästäjä

painter

maalari

baker

leipuri

electrician

sähköasentaja

builder

rakentaja

engineer

insinööri

butcher

teurastaja

plumber

putkiasentaja

postman

postinjakaja

soldier

sotilas

architect

arkkitehti

cashier

kassanhoitaja

florist

floristi

hairdresser

kampaaja

conductor

konduktööri

mechanic

mekaanikko

captain

kapteeni

dentist

hammaslääkäri

scientist

tiedemies

rabbi

rabbi

imam

imaami

monk

munkki

pastor

pappi

tools
työkalut

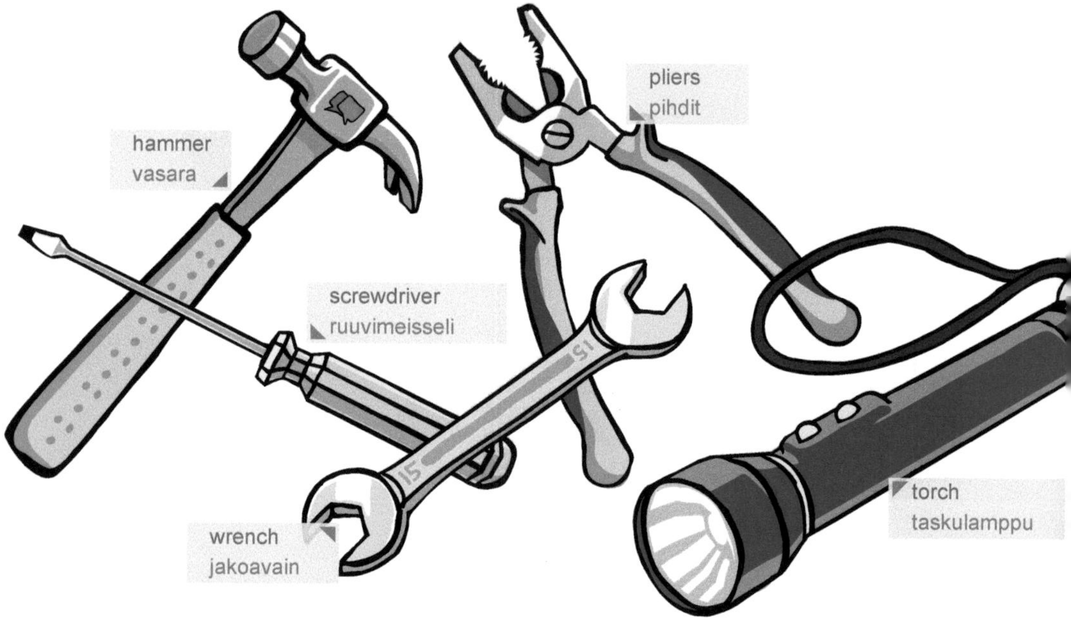

hammer
vasara
pliers
pihdit
screwdriver
ruuvimeisseli
wrench
jakoavain
torch
taskulamppu

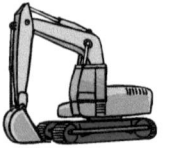

excavator

kaivinkone

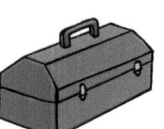

toolbox

työkalupakki

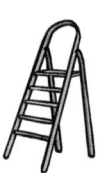

ladder

tikkaat

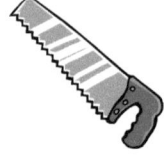

saw

saha

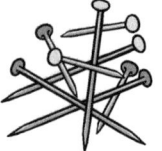

nails

naulat

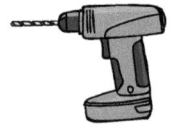

drill

pora

repair

korjata

shovel

lapio

Damn!

Hitto!

dustpan

rikkalapio

paint can

maalipurkki

screws

ruuvit

musical instruments
soittimet

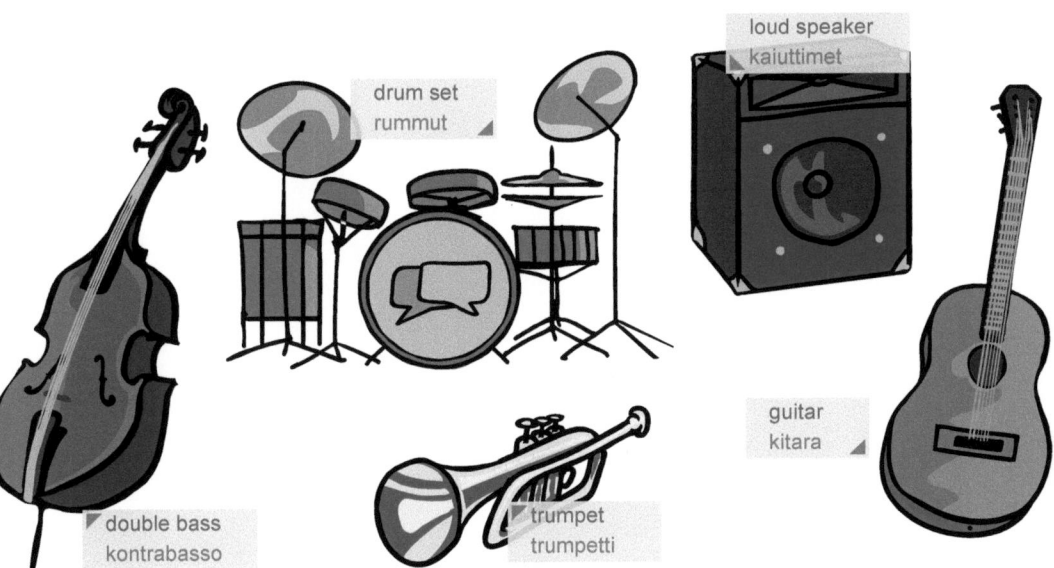

loud speaker
kaiuttimet

drum set
rummut

guitar
kitara

double bass
kontrabasso

trumpet
trumpetti

piano
piano

violin
viulu

bass
basso

timpani
patarummut

drums
rumpu

keyboard
kosketinsoitin

saxophone
saksofoni

flute
huilu

microphone
mikrofoni

tiger
tiikeri

entrance
sisäänkäynti

cage
häkki

zebra
seepra

animal feed
eläinten ruoka

panda
panda

animals

eläimet

elephant

norsu

kangaroo

kenguru

rhino

sarvikuono

gorilla

gorilla

bear

karhu

camel

kameli

ostrich

strutsi

lion

leijona

monkey

apina

flamingo

flamingo

parrot

papukaija

polar bear

jääkarhu

penguin

pingviini

shark

hai

peacock

riikinkukko

snake

käärme

crocodile

krokotiili

zookeeper

eläintarhanhoitaja

seal

hylje

jaguar

jaguaari

pony
poni

leopard
leopardi

hippo
virtahepo

giraffe
kirahvi

eagle
kotka

boar
villisika

fish
kala

turtle
kilpikonna

walrus
mursu

fox
kettu

gazelle
gaselli

American football
amerikkalainen jalkapallo

cycling
pyöräily

tennis
tennis

basketball
koripallo

swimming
uinti

boxing
nyrkkeily

ice hockey
jääkiekko

soccer

jalkapallo

badminton

sulkapallo

athletics

yleisurheilu

handball

käsipallo

skiing

hiihto

polo

poolo

jump
hypätä

laugh
nauraa

hug
halata

walk
kävellä

sing
laulaa

dream
unelmoida

pray
rukoilla

kiss
suudella

write
kirjoittaa

draw
piirtää

show
näyttää

push
painaa

give
antaa

take
ottaa

have

omistaa

do

tehdä

be

olla

stand

seisoa

run

juosta

pull

vetää

throw

heittää

fall

kaatua

lie

maata

wait

odottaa

carry

kantaa

sit

istua

get dressed

pukeutua

sleep

nukkua

wake up

herätä

look at

katsoa

cry

itkeä

stroke

silittää

comb

kammata

talk

puhua

understand

ymmärtää

ask

kysyä

listen

kuunnella

drink

juoda

eat

syödä

tidy up

siivota

love

rakastaa

cook

keittää

drive

ajaa

fly

lentää

sail

purjehtia

calculate

laskea

read

lukea

learn

oppia

work

työskennellä

marry

mennä naimisiin

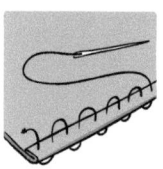

sew

ommella

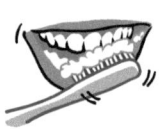

brush teeth

pestä hampaat

kill

tappaa

smoke

tupakoida

send

lähettää

family

perhe

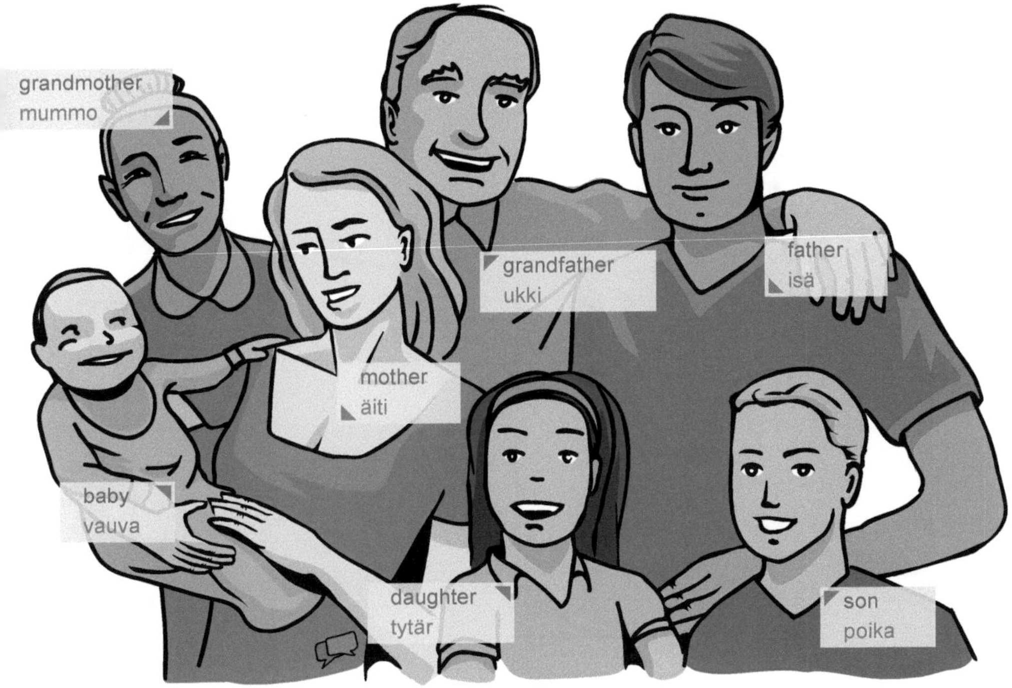

grandmother
mummo
grandfather
ukki
father
isä
mother
äiti
baby
vauva
daughter
tytär
son
poika

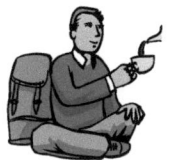

guest

vieras

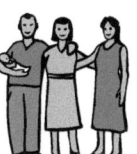

aunt

täti

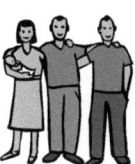

uncle

setä

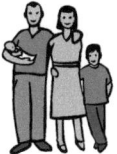

brother

veli

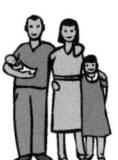

sister

sisko

body
vartalo

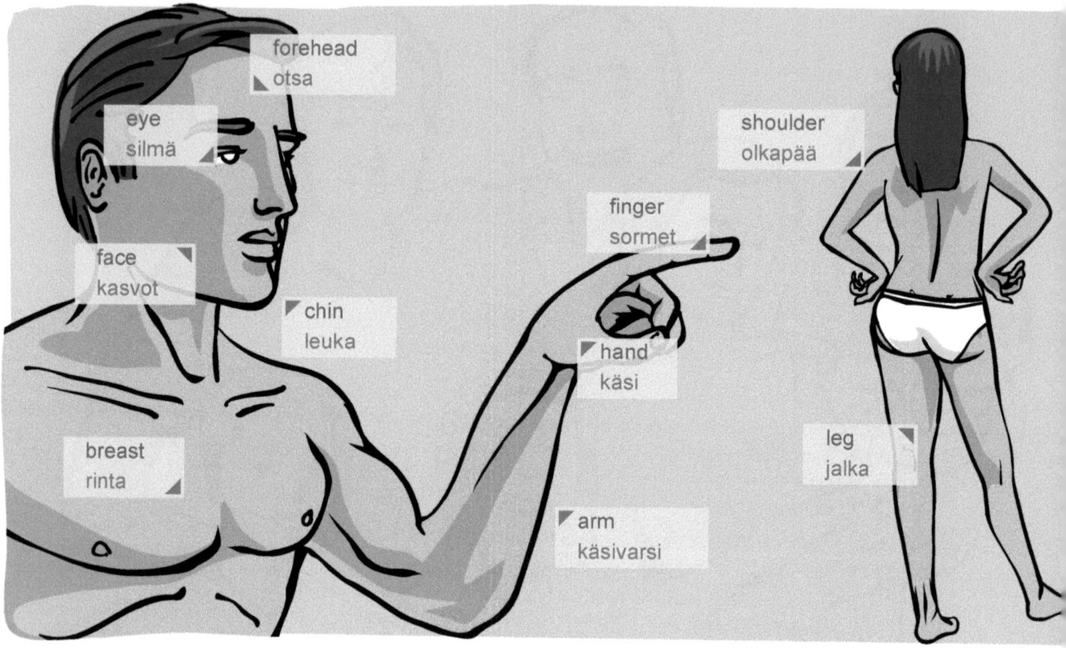

forehead
otsa

eye
silmä

shoulder
olkapää

finger
sormet

face
kasvot

chin
leuka

hand
käsi

breast
rinta

leg
jalka

arm
käsivarsi

baby

vauva

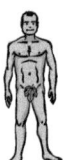

man

mies

woman

nainen

girl

tyttö

boy

poika

head

pää

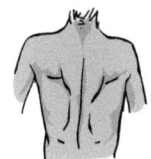

back

selkä

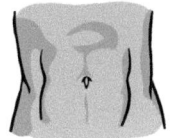

belly

maha

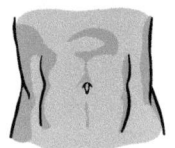

navel

napa

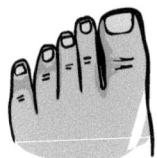

toe

varvas

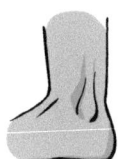

heel

kantapää

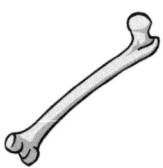

bone

luu

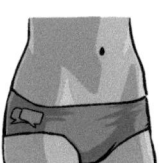

hip

lantio

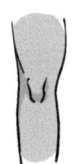

knee

polvi

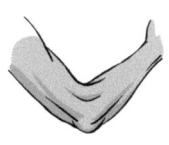

elbow

kyynärpää

nose

nenä

buttocks

takapuoli

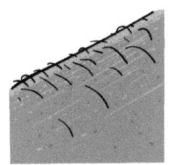

skin

iho

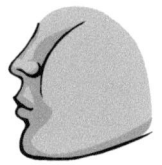

cheek

poski

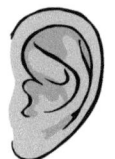

ear

korva

lip

huuli

body - vartalo

mouth

suu

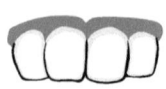

tooth

hammas

tongue

kieli

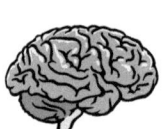

brain

aivot

heart

sydän

muscle

lihas

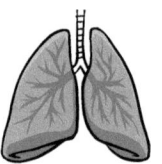

lung

keuhkot

liver

maksa

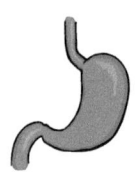

stomach

vatsa

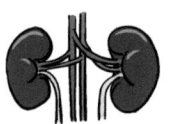

kidneys

munuaiset

sex

seksi

condom

kondomi

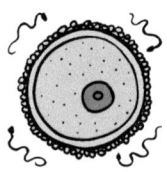

ovum

munasolu

semen

sperma

pregnancy

raskaus

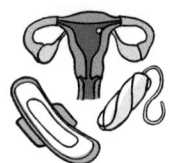

menstruation

kuukautiset

vagina

vagina

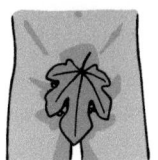

penis

penis

eyebrow

kulmakarvat

hair

hiukset

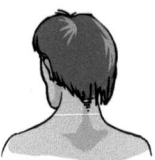

neck

niska

hospital
sairaala

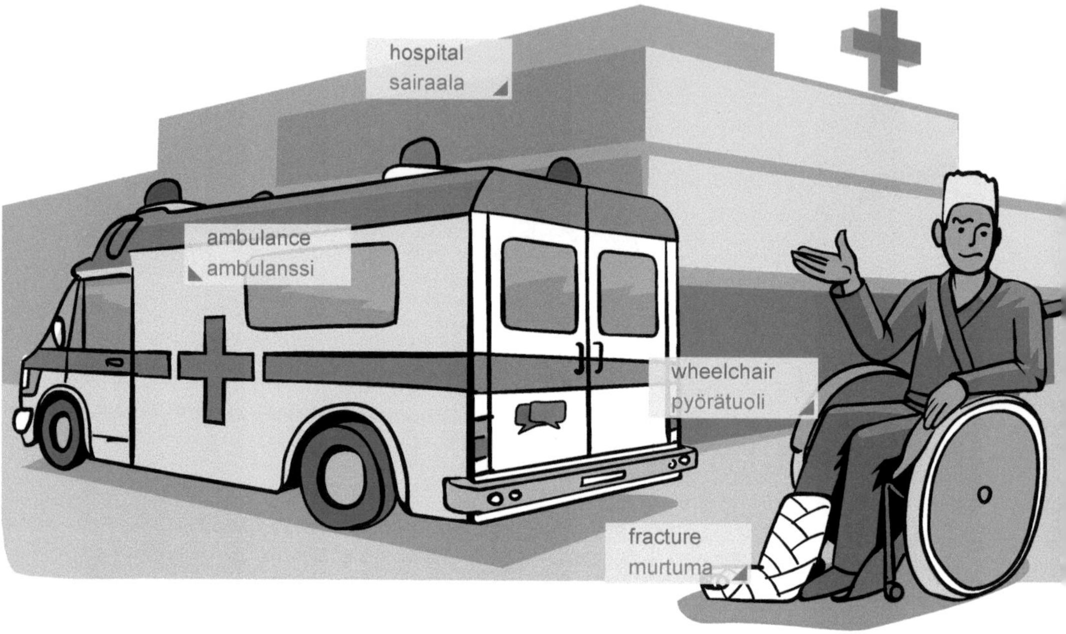

hospital
sairaala
ambulance
ambulanssi
wheelchair
pyörätuoli
fracture
murtuma

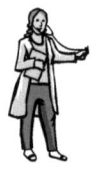

doctor

lääkäri

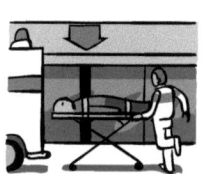

emergency room

ensiapu

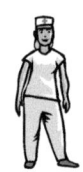

nurse

sairaanhoitaja

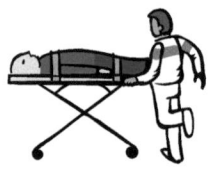

emergency

hätätilanne

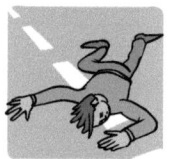

unconscious

tajuton

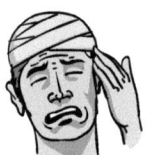

pain

kipu

injury

vamma

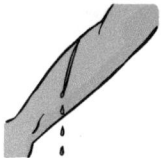
bleeding

verenvuoto

heart attack

sydänkohtaus

stroke

aivoinfarkti

allergy

allergia

cough

yskä

fever

kuume

flu

flunssa

diarrhea

ripuli

headache

päänsärky

cancer

syöpä

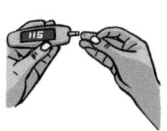
diabetes

diabetes

surgeon

kirurgi

scalpel

veitsi

operation

leikkaus

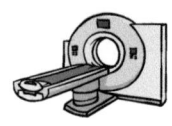

CT

ct

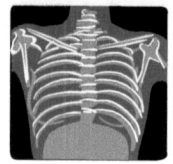

x-ray

röntgen

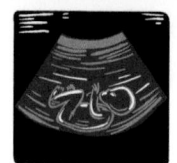

ultrasound

ultraääni

face mask

maski

disease

sairaus

waiting room

odotushuone

crutch

sauva

plaster

laastari

bandage

side

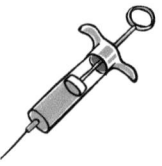

injection

pistos

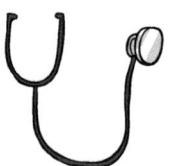

stethoscope

stetoskooppi

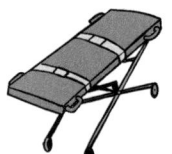

stretcher

paarit

clinical thermometer

kuumemittari

birth

syntymä

overweight

ylipaino

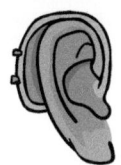

hearing aid
kuulolaite

disinfectant
desinfiointiaine

infection
infektio

virus
virus

HIV / AIDS
HIV / AIDS

medicine
lääke

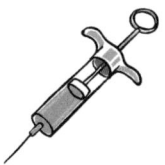

vaccination
rokotus

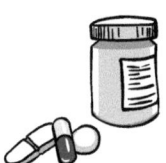

tablets
tabletit

pill
pilleri

emergency call
hätäpuhelu

blood pressure monitor
verenpainemittari

ill / healthy
sairas / terve

Help!

Apua!

alarm

hälytys

assault

ryöstö

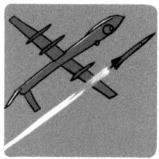

attack

hyökkäys

danger

vaara

emergency exit

hätäuloskäynti

Fire!

Tulipalo!

fire extinguisher

palosammutin

accident

onnettomuus

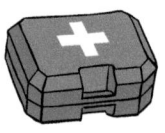

first-aid kit

ensiapulaukku

SOS

SOS

police

poliisilaitos

Europe

Eurooppa

North America

Pohjois-Amerikka

South America

Etelä-Amerikka

Africa

Afrikka

Asia

Aasia

Australia

Australia

Atlantic

Atlantin valtameri

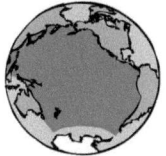

Pacific

Tyynimeri

Indian Ocean

Intian valtameri

Antarctic Ocean

Eteläinen jäämeri

Arctic Ocean

Pohjoinen jäämeri

North pole

pohjoisnapa

South pole
etelänapa

Antarctica
Antarktis

earth
maa

land
maa

sea
meri

island
saari

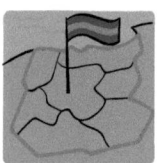

nation
kansa

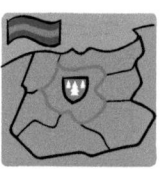

state
osavaltio

clock face

kellotaulu

hour hand

tuntiviisari

minute hand

minuuttiviisari

second hand

sekuntiviisari

What time is it?

Paljonko kello on?

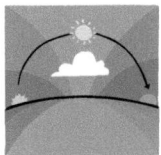

day

päivä

time

aika

now

nyt

digital watch

digitaalikello

minute

minuutti

hour

tunti

week

viikko

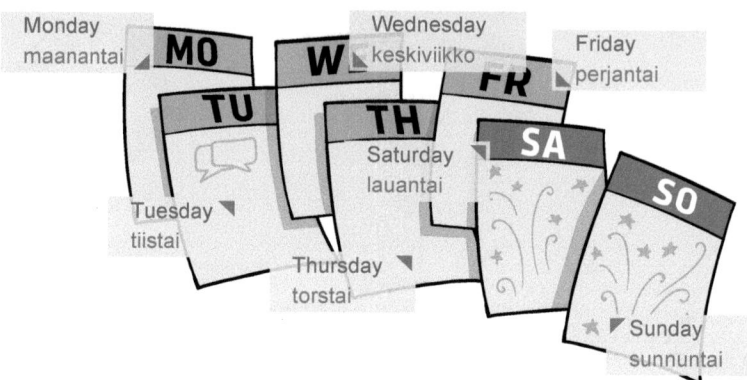

Monday maanantai
Wednesday keskiviikko
Friday perjantai
Tuesday tiistai
Saturday lauantai
Thursday torstai
Sunday sunnuntai

yesterday

eilen

today

tänään

tomorrow

huomenna

morning

aamu

noon

keskipäivä

evening

ilta

workdays

työpäivät

weekend

viikonloppu

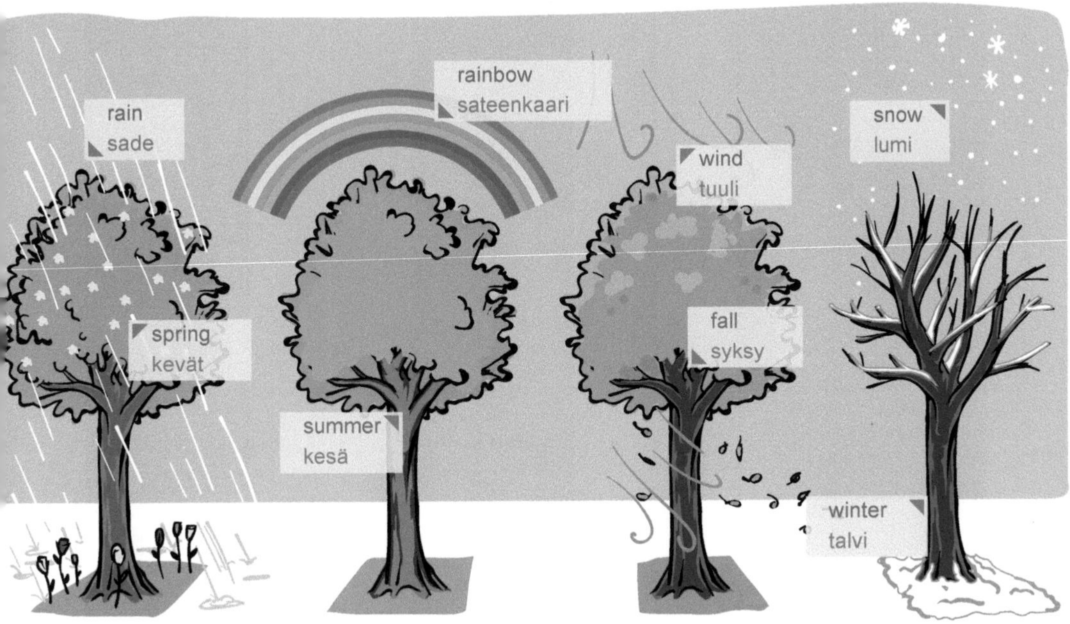

rain
sade
rainbow
sateenkaari
wind
tuuli
snow
lumi
spring
kevät
fall
syksy
summer
kesä
winter
talvi

4.APRIL 11°
5.APRIL 4°
6.APRIL 13°
7.APRIL 8°
8.APRIL 10°

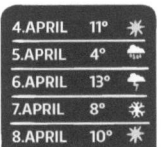

weather forecast

sääennuste

F
C
120
90
60
30
0
-30
40
30
20
10
0
-10
-20

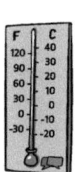

thermometer

lämpömittari

sunshine

auringonpaiste

cloud

pilvi

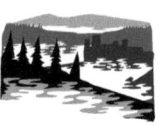

fog

sumu

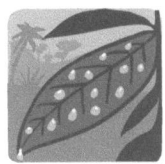

humidity

ilmankosteus

lightning

salama

thunder

ukkonen

storm

myrsky

hail

rae

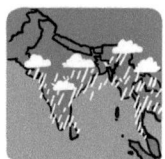

monsoon

monsuuni

flood

tulva

ice

jää

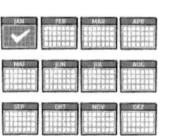

January

tammikuu

February

helmikuu

March

maaliskuu

April

huhtikuu

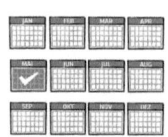

May

toukokuu

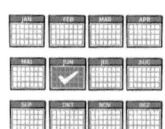

June

kesäkuu

July

heinäkuu

August

elokuu

year - vuosi

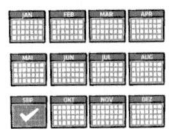

September
syyskuu

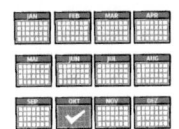

October
lokakuu

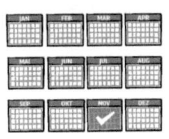

November
marraskuu

December
joulukuu

circle
ympyrä

square
neliö

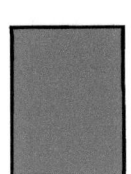

rectangle
suorakulmio

triangle
kolmio

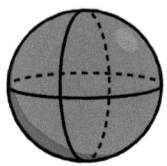

sphere
pallo

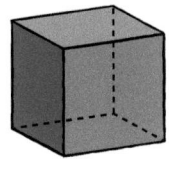

cube
kuutio

white
valkoinen

yellow
keltainen

orange
oranssi

pink
vaaleanpunainen

red
punainen

purple
violetti

blue
sininen

green
vihreä

brown
ruskea

gray
harmaa

black
musta

a lot / a little

paljon / vähän

angry / calm

vihainen / ystävällinen

beautiful / ugly

kaunis / ruma

beginning / end

alku / loppu

big / small

suuri / pieni

bright / dark

vaalea / tumma

brother / sister

veli / sisko

clean / dirty

puhdas / likainen

complete / incomplete

täydellinen / epätäydellinen

day / night

päivä / yö

dead / alive

kuollut / elävä

wide / narrow

leveä / kapea

edible / inedible

syötävä / syömäkelvoton

evil / kind

paha / kiltti

excited / bored

innostunut / tylsistynyt

fat / thin

lihava / laiha

first / last

ensimmäinen / viimeinen

friend / enemy

ystävä / vihollinen

full / empty

täysi / tyhjä

hard / soft

kova / pehmeä

heavy / light

painava / kevyt

hunger / thirst

nälkä / jano

ill / healthy

sairas / terve

illegal / legal

laiton / laillinen

intelligent / stupid

älykäs / tyhmä

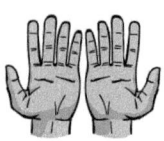

left / right

vasen / oikea

near / far

lähellä / kaukana

new / used

uusi / käytetty

nothing / something

ei mitään / jotain

old / young

vanha / nuori

on / off

päällä / pois päältä

open / closed

auki / kiinni

quiet / loud

hiljainen / äänekäs

rich / poor

rikas / köyhä

right / wrong

oikein / väärin

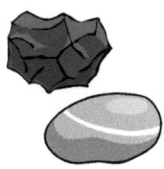

rough / smooth

karhea / sileä

sad / happy

surullinen / iloinen

short / long

lyhyt / pitkä

slow / fast

hidas / nopea

wet / dry

märkä / kuiva

warm / cool

lämmin / viileä

war / peace

sota / rauha

0

zero

nolla

1

one

yksi

2

two

kaksi

3

three

kolme

4

four

neljä

5

five

viisi

6

six

kuusi

7

seven

seitsemän

8

eight

kahdeksan

9

nine

yhdeksän

10

ten

kymmenen

11

eleven

yksitoista

12	**13**	**14**
twelve	thirteen	fourteen
kaksitoista	kolmetoista	neljätoista

15	**16**	**17**
fifteen	sixteen	seventeen
viisitoista	kuusitoista	seitsemäntoista

18	**19**	**20**
eighteen	nineteen	twenty
kahdeksantoista	yhdeksäntoista	kaksikymmentä

100	**1.000**	**1.000.000**
hundred	thousand	million
sata	tuhat	miljoona

languages
kielet

English

englanti

American English

amerikanenglanti

Chinese Mandarin

mandariinikiina

Hindi

hindi

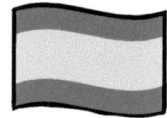

Spanish

espanja

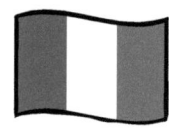

French

ranska

Arabic

arabia

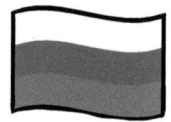

Russian

venäjä

Portuguese

portugali

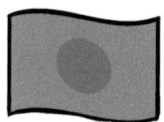

Bengali

bengali

German

saksa

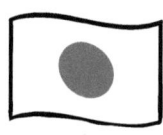

Japanese

japani

I

minä

you

sinä

he / she / it

hän

we

me

you

te

they

he

who?

kuka?

what?

mitä / mikä?

how?

miten?

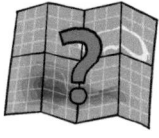

where?

missä?

when?

milloin?

name

nimi

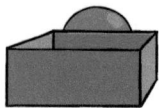

behind
....
takana

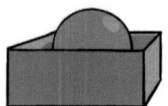

in
....
sisällä

in front of
....
edessä

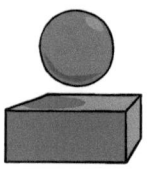

over
....
yläpuolella

on
....
päällä

under
....
alapuolella

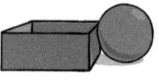

beside
....
vieressä

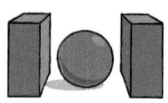

between
....
välissä

place
....
paikka